DISCOURS

Prononcé sur la Tombe

DE M. B. GAULTIER-BIAUZAT,

AVOCAT A LA COUR ROYALE;

Par L. Biett,

MÉDECIN DE L'HÔPITAL SAINT-LOUIS.

PARIS,

IMPRIMERIE DE GAULTIER-LAGUIONIE,

HÔTEL DES FERMES.

1827.

Discours

PRONONCÉ SUR LA TOMBE

DE M. B. GAULTIER-BIAUZAT,

Avocat à la Cour Royale.

DISCOURS

prononcé sur la tombe

DE M. B. GAULTIER-BIAUZAT,

AVOCAT A LA COUR ROYALE;

Par L. Biett,

MÉDECIN DE L'HÔPITAL SAINT-LOUIS.

La juste douleur que la perte de notre ami nous fait éprouver serait peut-être plus profondément exprimée par le silence; il est en effet de ces peines déchirantes que les paroles les plus éloquentes ne sauraient faire sentir que faiblement. Cependant, Messieurs, je n'ai pu me défendre de rappeler dans cette triste et touchante cérémonie quelques-unes des circonstances qui ont marqué dans la vie de l'homme excellent que nous pleurons. Puisse ce récit fidèle, fait par l'ami de son enfance, vous faire mieux apprécier encore tous les titres qu'il avait à notre attachement!

GAULTIER-BIAUZAT reçut le jour à Clermont-Ferrand. Sa famille, l'une des plus honorables de la province, avait acquis depuis plusieurs générations une réputation distinguée dans la belle et noble profession d'avocat, réputation à laquelle on

ne pouvait arriver sans des talents réels dans la
patrie de l'illustre Domat. Il donna dans ses pre-
mières études des preuves réitérées de cette saga-
cité, de cette finesse d'esprit, qui sont comme hé-
réditaires dans sa famille. Toutefois ses progrès
furent interrompus par les événements de la révo-
lution ; mais son éducation n'en fut pas moins con-
tinuée par les soins d'un père tendre et prévoyant,
qui connaissait par lui-même tous les avantages
d'une instruction première. Il eut d'abord la pen-
sée de commencer l'étude de la médecine ; mais
bientôt, entraîné par son goût pour les sciences
exactes, il se livra avec tant d'ardeur à l'étude des
mathématiques, qu'en moins d'une année il put se
présenter à l'École Polytechnique. Cette école cé-
lèbre, l'une des plus belles institutions des temps
modernes, brillait alors du plus grand éclat par
les leçons de Fourcroy, de Monge, de Berthollet
et de Fourrier. Il envisageait avec enthousiasme la
vaste carrière qui s'ouvrait devant lui, lorsqu'un
événement politique qui attira la disgrace sur sa
famille vint renverser toutes ses espérances [1]. Il dut

1 Ce fut à l'époque où Napoléon se fit consul à vie. Le frère aîné
de Biauzat, alors officier supérieur dans l'armée, eut la fermeté
d'exprimer un vote négatif sur le même registre où tout son régi-
ment venait de se prononcer pour l'affirmative. Ce vœu patriotique
d'un citoyen probe et courageux fut considéré par quelques agens du
pouvoir comme la preuve d'un complot qui tendait à soulever les
troupes. Le lieutenant-colonel Biauzat fut arrêté. Le jour suivant il
publia de sa prison un écrit plein de force et d'éloquence, qui ex-
pliquait la conduite qu'il avait cru devoir montrer. Il fut mis en
liberté, mais il dut envoyer sa démission. Cette circonstance fit con-
cevoir au premier consul les plus injustes préventions sur cette
famille honorable, et dès lors elle dut rentrer dans la retraite.

alors tourner toutes ses pensées vers la profession de ses pères ; il y trouvait du moins ce bien précieux, cette indépendance honorable sans laquelle l'homme perd trop souvent toute la dignité de son caractère.

Je ne vous parlerai point de ses succès dans cette nouvelle carrière ; vous les connaissez. Vous vous rappelez aussi cette délicatesse consciencieuse qu'il savait mettre dans l'exercice de ses fonctions, cet esprit de conciliation qu'il puisait naturellement dans son cœur. Souvent on le vit employer toute son éloquence persuasive à rapprocher des familles divisées par de graves intérêts, et l'on peut dire à sa louange qu'il sut gagner un grand nombre de causes sans sortir de son cabinet. Trop souvent aussi, par un effet de sa bonté inépuisable, il consumait un temps précieux à débattre de faibles intérêts ; on le voyait à regret, si je puis me servir de l'expression d'une femme ingénieuse, dépenser son talent et son esprit en petite monnaie. Qui sait si, ménageant mieux ses moyens, si plus sévère dans le choix de ses causes, il n'eût pas vu son nom se placer avec honneur parmi ceux de Dupin, de Mérilhou, de Mauguin, de Berville, d'Isambert, de Barthe, que la patrie reconnaissante signale au premier rang des plus intrépides défenseurs des libertés publiques ? Mais si son talent ne brilla point de cet éclat qui appelle l'illustration, il eut du moins toute la force, j'ai presque dit toute l'autorité que donne un caractère sans tache. Jamais dans le cours de cette vie si rapidement écoulée, on ne le vit fléchir sur les principes qu'il avait adoptés dans sa première jeunesse; et si, comme son père, il eût été appelé un jour à représenter ses concitoyens, il eût donné un de ces exemples trop rares d'une fermeté inébranlable dans les circonstances les plus difficiles.

Affaibli par de longs travaux, il allait quelquefois chercher d'agréables délassements dans les lieux de sa naissance. Il y portait la fatigue et l'abattement; il en rapportait presque toujours cet aimable enjouement qu'il savait répandre d'une manière si piquante dans nos réunions amicales. Ah! s'il avait pu écouter alors les conseils de ses amis, il aurait trouvé un rétablissement durable dans un long repos et dans les douceurs de la vie domestique, dont il savait goûter tous les charmes. Mais une fatalité inconcevable semblait l'entraîner à sa perte. Averti dès les premiers temps de sa maladie du danger qui le menaçait, il voulut néanmoins continuer ses travaux. Chaque jour on voyait affluer chez lui une foule de clients qui venaient épuiser ses forces. Soit qu'il prévît que tout ménagement était désormais inutile, soit qu'en remplissant des devoirs si pénibles, il voulût chercher l'oubli de ses maux, ni les prières de ses amis, ni les larmes de sa famille ne purent jamais le détourner un instant de ses occupations. Il y a peu de jours encore qu'il se fit porter à la Cour d'Assises pour arracher un infortuné, dont l'innocence lui était connue, à une peine infamante. Ah! sans doute, cette voix défaillante, encore animée par l'accent de la vérité, sut porter la conviction dans l'esprit des jurés, puisque le malheureux auquel il venait de faire un si grand sacrifice fut acquitté à l'unanimité. C'est ainsi, cher GAULTIER, que tous tes instants ont été marqués par des actions généreuses. Plus heureux qu'un bon prince de l'antiquité, jamais tu ne perdis un jour; et le soir, en repassant les actions de ta journée, tu pouvais descendre avec sécurité dans ta conscience, tu n'y trouvais pas un reproche.

Rappellerai-je aux compagnons de son enfance qui l'ont suivi jusqu'à son dernier asile, cette amitié vive et touchante, cette chaleur de cœur, ce zèle infatigable, cette abnégation de lui-même qu'il mettait dans toutes ses relations; j'en appelle à ses amis, qui lui ont prodigué tant de soins dans ses longues souffrances : fut-il jamais une ame plus élevée, plus digne, plus généreuse! Ah! gardons-nous de le croire, tant de nobles facultés ne peuvent point être anéanties : nous retrouverons notre ami dans un monde meilleur; cette espérance est la seule consolation qu'il nous ait laissée.

Adieu, cher GAULTIER : ton exemple restera au milieu de nous pour nous servir de règle et de guide dans tout ce qui est bien. Adieu, ami incomparable... que la terre te soit légère.

Paris, Imprimerie de GAULTIER-LAGUIONIE, hôtel des Fermes.